BEI GRIN MACHT SICH IHR WISSEN BEZAHLT

AF149585

- Wir veröffentlichen Ihre Hausarbeit, Bachelor- und Masterarbeit

- Ihr eigenes eBook und Buch - weltweit in allen wichtigen Shops

- Verdienen Sie an jedem Verkauf

Jetzt bei www.GRIN.com hochladen und kostenlos publizieren

Niklas Lehr

Anbringen eines BNC-Steckers auf eine Koaxialleitung (Unterweisung Elektriker, -in)

GRIN Verlag

Bibliografische Information der Deutschen Nationalbibliothek:

Die Deutsche Bibliothek verzeichnet diese Publikation in der Deutschen National-
bibliografie; detaillierte bibliografische Daten sind im Internet über http://dnb.d-
nb.de/ abrufbar.

Impressum:

Copyright © 2011 GRIN Verlag GmbH
Druck und Bindung: Books on Demand GmbH, Norderstedt Germany
ISBN: 978-3-656-11815-2

Dieses Buch bei GRIN:

http://www.grin.com/de/e-book/188138/anbringen-eines-bnc-steckers-auf-eine-
koaxialleitung-unterweisung-elektriker

GRIN - Your knowledge has value

Der GRIN Verlag publiziert seit 1998 wissenschaftliche Arbeiten von Studenten, Hochschullehrern und anderen Akademikern als eBook und gedrucktes Buch. Die Verlagswebsite www.grin.com ist die ideale Plattform zur Veröffentlichung von Hausarbeiten, Abschlussarbeiten, wissenschaftlichen Aufsätzen, Dissertationen und Fachbüchern.

Besuchen Sie uns im Internet:

http://www.grin.com/

http://www.facebook.com/grincom

http://www.twitter.com/grin_com

Anbringen eines BNC-Steckers auf eine Koaxialleitung(RG58)

Verfasser:

Niklas Lehr

Werner-von-Siemens-Schule Mannheim

Datum der Schriftlichen Prüfung 16.07.2011

Inhaltsverzeichnis

1.1. Einordnung des Themas in die Ausbildungsordnung

Bezeichnung der Ausbildungsordnung

Das von mir gewählte Thema „ Anbringen eines BNC-Steckers auf eine Koaxialleitung(RG85) " habe ich aus der „Verordnung über die Berufsausbildung in den industriellen Elektroberufen zum Elektroniker für Geräte und Systeme „ entnommen. Diese Verordnung besteht seit dem 24. Juli 2007 und wurde von dem Bundesministerium für Bildung und Forschung beschlossen. Diese ist niedergelegt im Bundesgesetzblatt Teil I S. 1678 vom 30. Juli 2007.

Zuordnung zum Ausbildungsberufsbild

Unter Lfd. Nr. 14 Ausbildungsrahmenplan zum Elektroniker für Geräte und Systeme ist das Thema " Anbringen eines BNC-Steckers auf eine Koaxialleitung" festgelegt. Dieser beinhaltet das konfektionieren von Leitungen.

Auszug aus dem Ausbildungsrahmenplan

14 Herstellen und Inbetriebnehmen von Geräten und Systemen

c) Leitungen konfektionieren sowie Komponenten verbinden.

1.2. Methode

4-Stufen-Methode

Die Vier-Stufen-Methode eignet sich besonders bei Einführung neuer Werkzeuge, da die Auszubildenden mit mehreren Sinnen beim Erlernen beteiligt sind, was einen nachhaltigen Lerneffekt verspricht. Bei dem eng umrissenen Thema der Unterweisung verspricht diese Methode auch die höchste Zeiteffizienz. Eine reine Demonstration hätte demgegenüber den wesentlichen Nachteil, dass der psychomotorische Lernbereich nicht angesprochen würde. Die Umsetzung der Theorie in die Praxis ist aber das wesentliche Lernziel dieser Unterweisung.

1.Stufe Vorbereitung des Auszubildenden

Vorbereitung und Erklärung. In dieser Stufe soll der Auszubildende gleichzeitig für das Neue motiviert werden.

2.Stufe vormachen und Erklären

Vormachen des Arbeitsvorgangs und dabei dem Auszubildenden die Schritte erklären.

3.Stufe Ausführungssuche

Der Auszubildende soll nun selbständig das ihm Gezeigte nachmachen und die einzelnen Schritte erklären können.

4.Stufe üben und Festigen

Den Auszubildenden das Erlernte durch weitere Übungen weiter festigen lassen.

Begründung

Die 4-Stufen-Methode wurde von mir ausgewählt, da sie eine gute Kombination bietet, dem Ausbildenden theoretisches und praktisches Wissen zu vermitteln. Zudem können Fragen, die während der Unterweisung entstehen, sofort geklärt und besprochen werden. Durch die Verknüpfung von Theorie und Praxis ist diese Methode sehr einprägsam und der Auszubildende hat die Möglichkeit durch das Anbringen weiterer Stecker eine Routine für diese Arbeit zu entwickeln.

1.3 Lernbereiche/ Lernziele

Die Lernziele beeinflussen stark den Lernerfolg im Ausbildungsprozess. Der Ausbilder versucht, in angemessenen Lernschritten seine Zielvorstellung zu erreichen. Den Auszubildenden ist bekannt, wozu sie am Ende eines Lernabschnittes in der Lage sein sollen. Mit der Formulierung der Lernziele trifft der verantwortliche Ausbilder Entscheidungen im Hinblick auf die Entwicklung seiner Auszubildenden. Hierbei muss die pädagogische Zielsetzung die Entfaltung der Aktivität des lernenden ermöglichen.

Die Lernziele unterscheidet man in 3 Bereiche:

- **Kognitives Lernziel (Kopf)**

  - Den Aufbau eines Koaxialkabels benennen können und dessen Funktion kennen
  - Einsatzgebiete für Koaxialkabel kennen
  - Die Vorgehensweise beim anbringen eines BNC-Steckers auf ein Koaxialkabel wissen
  - Zu wissen, von welchen Arbeitsmitteln eine Verletzungsgefahr ausgeht, sowie der Umgang mit diesen Arbeitsmitteln um eine Verletzung zu vermeiden
  - Zu wissen, warum es durch Fehler bei Anbringung des BNC-Stecker zu Fehler bei der Signalübertragung kommen kann

- **Psychomotorisches Lernziel (Hand)**

  Der Auszubildende hat nach dieser Unterweisung das fachgerecht Umgehen mit einer BNC-Crimpzange erlernt. Zudem ist er in der Lage, mit der Abisolierzange fachgerecht umzugehen.

- **Affektives Lernziel (Herz)**

  Der Auszubildende arbeitet sorgfältig und geht mit den Arbeitsmitteln des Betriebes sorgfältig um. Außerdem achtet er auf Ordnung und Sauberkeit am Arbeitsplatz. Desweiteren achtet er darauf, Sondermüll vom Restmüll zu trennen.

1.4 Materialien

Es gibt 3 verschiedene Arten von Hilfsmittel, die der Ausbilder benutzt um eine Unterweisung durchzuführen. Somit kann auch dem Auszubildendem das Verständnis erleichtert werden.

- Lernmittel

    sind Medien wie z.b. Tabellenbücher und Fachbücher für das Lernen und Verständnis des Auszubildenden.

- Lehrmittel

    Sind Medien die der Ausbilder benutzt um seine Unterweisung zu verdeutlichen. Er versucht somit die Theorie verständlicher zu machen wie z.b. einen Anschrieb an der Tafel oder ein Modell als Anschauungsobjekt.

- Arbeitsmittel

    Unter Arbeitsmitteln versteht man der allgemeinen Auffassung nach Hilfsmittel, die eine Person oder eine Maschine zur Verrichtung einer Arbeit benötigen.

Lernmittel:

Zur Vertiefung und Festigung des Erlernten werden Lernkarten verwendet. Mit den lernkarten kann die Vorgehensweise beim Arbeiten geübt werden und ich sehe, ob der Auszubildende den Arbeitsablauf verstanden hat.

Lehrmittel:

Als Lehrmittel werden falsch gecrimte und nicht sauber abisolierte BNC Leitungen gezeigt.
Zur Motivation und Funktionskontrolle wir die neu konfektionierte BNC Leitung zwischen einem Oszilloskope und Frequenzgenerator verbunden.
ein Signal wird von dem Frequenzgenerator erzeugt und sichtbar auf dem Oszilloskope dargestellt.

Arbeitsmittel:

Seitenschneider:

Mit dem Seitenschneider wird die Leitung auf die richtige Länge gekürzt.

Abisolierzange:

Mit der speziellen Abisolierzange für Koaxialleitung (RG59/58) wird der Mantel und Schirm auf die davor eingestellte länge abisoliert.

Kleiner Seitenschneider:

Mit dem kleinen Seitenschneider wird der Innenleiter auf die Richtige länge zugeschnitten.
Falls die Abisolierzange den Schirm nicht sauber abgetrennt hat, wird dieser damit korrigiert.

Crimpzange:

Mit der Crimpzange für RG58 Koaxialleitung und RG 58 BNC-Stecker wird der Stift auf den Innenleiter und anschließend die Hülse auf die Abschirmung gecrimpt.

Leitung:

Die Leitung dient als Übertragungsstrecke zwischen den einzelnen Geräten.

Stecker:

Der BNC Stecker stellt eine feste und kontaktsicher Verbindung her.

Messschieber:

Mit dem Messschieber wir der Innenleiter abgemessen um in danach auf die richtige Länge schneiden zu können.

2.1 Einstiegsphase und Motivation

Ziel der Motivation ist es ein Interesse an der zu lernenden Tätigkeit zu wecken, dies kann z.b. durch einen Übertrag auf ein Hobby erfolgen oder einer anderen Tätigkeit für die sich der Auszubildende besonders begeistert. Durch eine Erfolgreiche Motivation wird der Lernerfolg wesentlich verbessert, da der Auszubildende mit mehr Elan an die zu lernende Tätigkeit herangeht und viel offener mit dem Ausbilder kommuniziert und interagiert.

Beim Herstellen und Inbetriebnehmen von Geräten und Systemen kommt es des Öfteren vor damit man spezielle Leitung in unterschiedlichen Längen und Ausführungen benötigt oder man möchte einen defekten Stecker austauschen ohne die komplette Leitung zu ersetzen. Um diese individuell und schnell zu bekommen kann man diese selbst herstellen. Hierfür ist es sehr wichtig dies sorgfältig und gewissenhaft durchzuführen, da es sonst zu einer schlechten Signalübertragung oder Störungen kommen kann.

BNC-Steckverbinder sind koaxiale Steckverbinder mit einem Bajonettverschluss für Hochfrequenzen bis etwa 1 GHz. Die BNC-Technik hat sich zur Übertragung von schwachen Gleichströmen, niederfrequenten Wechselströmen und Impulsen im Laborbetrieb durchgesetzt, weil der Außenleiter elektrische Störungen abschirmt. Der koaxiale Aufbau bietet so Schutz gegen externe elektrische Felder. Aus diesem Grund sind auch die Anschlüsse an Messgeräten wie Oszilloskop, Frequenzzähler und Funktionsgenerator in der Regel in BNC-Technik ausgeführt.
In diesem Unterweisungsentwurf werde ich zur Überprüfung der selbst konfektionierten Leitung ein Signal von einem Frequenzgenerator mit einem Oszilloskope messen und darstellen.
Somit kann der Auszubildende eine Praktische Anwendung kennlernen und sich vergewissern damit er die Leitung richtig gefertigt hat.

2.2 Planung der Arbeitszeitgliederung

Lernschritte (Was?)	Kernpunkte (Wie?)	Begründung (Warum?)
Arbeitsplatz ordnen und Werkzeug kontrollieren	Werkzeuge auf Beschädigungen überprüfen. Stets auf Übersichtlichkeit und Sauberkeit achten.	Beschädigte Werkzeuge können zu Verletzungen oder zu Beschädigungen der Bauteile führen.
Koaxialleitung auf gewünschte Länge kürzen	Mit dem Seitenschneider die Leitung auf die gewünschte länge kürzen. Dabei auf einen geraden Schnitt achten.	Um die gewünschte Länge zu erhalten.
Hülse auf die Leitung schieben	Die Hülse muss zu Beginn auf die Leitung geschoben werden. Mit dieser wird zu einem späteren Zeitpunkt der Schirm auf den Stecker gecrimpt.	Zu einem späteren Zeitpunkt ist dies nicht mehr möglich, da die Hülle nicht über den Stecker apsst.
Koaxialleitung abisolieren	Mit der Abisolierzange Leitung umfassen und mehrfach drehen. Anschließend Isolierung abziehen.	Um eine optimale elektrische Verbindung herzustellen muss die Ader völlig frei von Isolationsmaterial sein.
Leitung überprüfen	Die Leitung durch eine Sichtprüfung auf Schäden überprüfen. Darauf achten das die Leitung sauber abisoliert ist.	Der Innenleiter, Dielektrikum und Abschirmung dürfen keine Beschädigungen aufweisen, da es sonst zu einem Bruch des Leiters kommen kann.
Innenleiter auf Richtige Länge kürzen	Mit dem Messschieber den Innenleiter auf die in der Montageanleitung vorgegebene länge kürzen.	Damit man den Aderstift bis zum Dielektrikum aufschieben kann.
Aderstift aufcrimpen	Aderstift über Kabelinnenleiter bis zum Dielektrikum stoßen und crimpen	Durch das crimpen entsteht eine sichere Verbindung zwischen Innenleiter und Aderstift.
Hauptstecker auf Aderstift stecken	Abschirmung leicht aufspreizen und Kabel in Hauptstecker einführen. Abschirmung muss über Klemmhals liegen. Einschieben bis ein leichtes einrasten zu spüren ist.	Durch das einrasten ist Gewehrt das der Stift weit genug aus dem Stecker ragt und eine sauber Verbindung herstellen kann.

Halterungshülse über Hauptstecker schieben und aufcrimpen	Hülse über Abschirmung schieben und möglichst nah am Gehäuse klemmen	Die Halterungshülse befestigt die Leitung am Stecker und stellt die Verbindung zur Abschirmung her.
Zugprobe durchführen	Die eine Hand umfasst den Stecker und die andere die Ader der zu prüfenden Verbindung. Die Verbindung wird durch ein leichtes ziehen kontrolliert.	Der Stecker darf sich nicht bewegen und die Halterungshülse darf nicht verrutschen.
Arbeitsplatz sortieren	Werkzeuge geordnet ablegen und Abfälle entsorgen	Um einen geordneten Arbeitsplatz zu erhalten.

2.3 Lernkontrolle

Eine abschließende Lernkontrolle dient zur Überprüfung, ob der Auszubildende den fachlichen Inhalt und den Arbeitsablauf verstanden hat. Gleichzeitig wird das Erlernte gefestigt und abschließende Fragen können geklärt werden.

Durch Lernkarten soll mir der Auszubildende zeigen, wie er bei dem Anbringen eines BNC-Steckers auf eine Koaxialleitung vorgeht.

Auf den Karten sind die einzelnen Arbeitsschritte aufgeführt. Diese sind in die richtige Reihenfolge zu bringen.

Zum Abschluss bekommt der Auszubildende einen Fragebogen ausgehändigt in dem er die Gründe der Arbeitsschritte erläutern muss. Kenntnislückenlücken werden so frühzeitig erkannt und bereinigt.

3.1 Erklärung der selbstständigen Ausführung der schriftlichen Ausarbeitung

Hiermit erkläre ich, Niklas Lehr, dass ich die vorliegende Ausarbeitung selbstständig und nur mit den angegebenen Hilfsmittel verfasst habe.

ich nehme zur Kenntnis, dass bei einem Verstoß gegen diese Erklärung innerhalb der gesetzlichen Einspruchsfristen auch im Nachhinein die Leistungsbewertung aberkannt werden kann.

Heidelberg den 16.06.2011   ....
                                                          Unterschrift

3.2 Quellenangabe

- Sackmann, das Lehrbuch für die Meisterprüfung 40. Auflage
  Teil 4 Berufs und Arbeitspädagogik Ausbildung der Ausbilder

- http://de.wikipedia.org

-

3.3 Fragebogen

3.4 Lernkarten

	Arbeitsplatz ordnen und Werkzeug kontrollieren
	Koaxialleitung auf gewünschte Länge kürzen
	Hülse auf die Leitung schieben
	Koaxialleitung abisolieren
	Leitung überprüfen
	Innenleiter auf Richtige Länge kürzen
	Aderstift aufcrimpen
	Hauptstecker auf Aderstift stecken
	Halterungshülse über Hauptstecker schieben und aufcrimpen
	Zugprobe durchführen
	Arbeitsplatz sortieren